Anthony de Mello

Momente des Glücks

Fotografien von
Klaus Ender

Herder Freiburg · Basel · Wien

Wenn du einen Baum betrachtest
und einen Baum siehst,
hast du in Wirklichkeit nicht den Baum gesehen.
Wenn du einen Baum betrachtest
und ein Wunder siehst,
dann hast du endlich einen Baum gesehen!

Jemand fragte den Meister:
„Glauben Sie an Glück?“
„Durchaus“, erwiderte er
mit einem Aufblitzen in seinen Augen.
„Wie sonst ließe sich der Erfolg
von Leuten erklären, die man nicht mag.“

Villa del Sole

Nichts entzückt
das eigene Ich mehr,
als die Fehler anderer
korrigieren zu können.

Was an der Oberfläche
wie etwas Schlechtes,
Nachteiliges aussieht,
kann sich bald als etwas Gutes herausstellen.
Und alles, was an der Oberfläche gut erscheint,
kann in Wirklichkeit etwas Böses sein.
Wir sind dann weise,
wenn wir Gott die Entscheidung überlassen,
was Glück und was Unglück ist;
wenn wir ihm danken,
dass für jene, die ihn lieben,
alles zum Besten gedeiht.

Ehemann: „Weißt du, Liebling,
ich werde hart arbeiten,
und eines Tages werden wir reich werden.“
Ehefrau: „Wir sind schon reich, Liebster,
denn wir haben einander.
Eines Tages werden wir vielleicht Geld haben.“

Einem sich ständig über andere
beklagenden Schüler sagte der Meister:
„Wenn du wirklich Frieden haben willst,
versuche, dich selbst zu ändern,
nicht die anderen.
Es ist einfacher,
deine Füße mit Schuhen zu schützen,
als die ganze Erde mit Teppichen auszulegen."

Wie könnte Spiritualität
einem Weltmann wie mir helfen?",
fragte der Geschäftsmann.
„Sie wird dir helfen, mehr zu haben",
sagte der Meister.
„Wie?"
„Indem sie dich lehrt,
weniger zu erstreben."

Ein alter Mann sagte,
er hätte sich nur einmal im Leben beklagt,
als er barfuß war und kein Geld hatte,
Schuhe zu kaufen.
Dann habe er einen glücklichen Mann gesehen,
der keine Füße hatte.
Und er habe nie wieder geklagt.

Ein Geschäftsmann wollte vom Meister wissen,
was das Geheimnis eines erfolgreichen Lebens sei.
Sagte der Meister:
„Mach jeden Tag einen Menschen glücklich!“
Und er fügte als nachträglichen Gedanken hinzu:
„... selbst wenn dieser Mensch du selbst bist.“
Nur wenig später sagte er:
„Vor allem, wenn dieser Mensch du selbst bist.“

Der einzige Fortschritt,
den es gibt, ist der Fortschritt der Liebe.
Die einzige Veränderung,
die wert ist, erstrebt zu werden,
ist die Veränderung des Herzens.

Es gibt eigentlich nur
zwei Heimsuchungen im Leben:
nichts zu bekommen,
was man sich wünscht,
und das, was man sich wünscht,
zu bekommen.

Du musst begreifen,
Leben ist wie Musik,
und die entsteht mehr aus Gefühl
und Intuition als nach Regeln.

Man besitzt nie etwas wirklich.
Nur eine Zeit lang bewahrt man es auf.
Ist man nicht fähig, es wegzugeben,
wird man selbst festgehalten.
Was immer man sammelt,
muss sein wie Wasser in der hohlen Hand.
Greift man zu, läuft es weg.
Willst du es besitzen, beschmutzt du es.
Lässt du es los, ist es für immer dein.

„Was brachte Euch die Erleuchtung?“

„Freude.“

„Und was ist Freude?“

„Die Erkenntnis, dass alles zu verlieren
nichts weiter bedeutet,
als ein Spielzeug verloren zu haben.“

Eine stets geöffnete
oder eine stets geschlossene Hand
ist eine verkrüppelte Hand.
Ein Vogel,
der seine Schwingen nicht öffnen
und schließen kann, wird nie fliegen.

Wie erlangt man das Glück?
„Durch Erlernen, mit allem,
was man erhält, zufrieden zu sein."

Warum ist hier jeder glücklich außer mir?"
„Weil sie gelernt haben,
überall Güte und Schönheit zu sehen",
sagte der Meister.
„Warum sehe ich nicht überall Güte und
Schönheit?"
„Weil du draußen nicht etwas sehen kannst,
was du in deinem Inneren nicht siehst."

Wenn man nicht für Erfolg lebt,
verfügt man über all sein Können,
besitzt man all seine Kräfte,
ist man entspannt,
sorgt man sich nicht,
es macht einem nichts aus,
ob man verliert oder gewinnt.

Wenn du die Wahl hättest,
was würdest du wählen:
Die Erfüllung deiner Bitte oder die Gnade,
inneren Frieden zu haben,
ob sie nun erfüllt wird oder nicht?

Wenn dein Herz instinktiv
auf anderer Menschen Freuden
und Leiden antwortet,
weißt du, dass du dein Selbst verloren
und dein Eins-Sein
mit dem Menschengeschlecht erfahren hast.
Dann endlich ist Liebe eingekehrt.

Wer nicht hilft, benachteiligt andere.
Wer hilft, benachteiligt sich selbst.
Ist man sich dieses Dilemmas nicht bewusst,
stirbt die Seele.
Hat man sich davon befreit, ist sie unsterblich.

www.herder.de
Gesamtgestaltung: Nicolas Weiß, Freiburg
Reproduktionen: RETE GmbH, Freiburg
Herstellung: L.E.G.O. Olivotto S.p.A., Vicenza 2002
ISBN 3-451-27741-7